KB271731

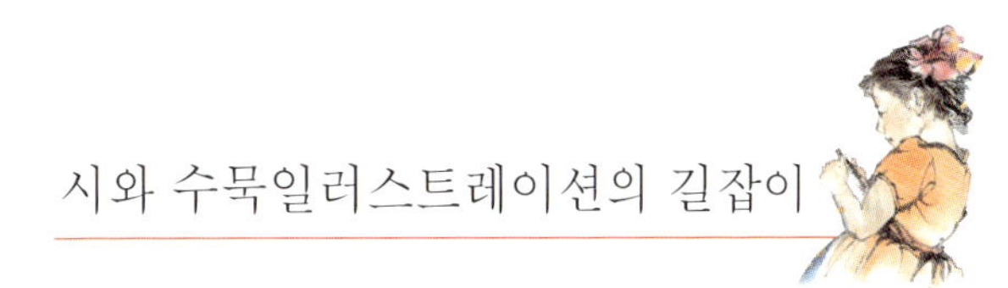

시를 그리다

시 · 그림 선숙 우인혜

이화문화출판사

작가의 말

선 숙 우 인 혜

'이 세상에 우연히 이루어지는 일은 없다더니…' 이 책을 엮자고 마음먹으면서 제일 먼저 들게 된 생각이었다.

그동안 나에게 있어 시와 그림 활동은 마치 외도를 하듯이, 본연의 길을 잠시 미루고 짬짬이 해오던 일이었었다. 그래서 '정년퇴직할 때 즈음에나 작품들을 모아 전시회를 열어 볼까' 하는 막연한 꿈만 가지고 있었더랬다.

그런데 이렇게 갑작스레 시화집을 엮게 될 줄은 몰랐다. 선문대학교 교육대학원에 '한국 문화 일러스트 전공'을 개설할 때까지만 해도, 그 전공이 내 자신과 연관되어 전개될 일일 줄 몰랐고, 거기서 '시문학과 일러스트' 강의까지 담당하게 될 줄 몰랐다. 그 강의 준비로 10여 년간 숨어 숨어 취미로만 해오던 내 시와 그림들이, 이렇게 본업과 연결되어 교재로까지 묶여져 나오게 될 줄은 정말 몰랐다.

그러나 이제 생각해보면 어려서부터 시인이 되겠다던, 그림 그리기를 무척 좋아하던 한 소녀 아이가 아줌마가 되도록 그 끈을 놓지 못했던 데에는 어떤 이유가 있었던 것은 아닐까? 우연이란 없듯이 시와 그림은 나에게 있어서 어떤 필연이었던 것은 아닐까? 불현듯 스치는 가슴 두근거리는 예감에 감동이 밀려온다. 그 동안 나태했던 나에게는 과분한 배려이며, 축복이 아닐 수 없다. 감사한 일이다.

시에 대한 꿈을 지켜주신 과천 율창 동인 김정학 선생님, 홍숙영, 김진경, 조길성 시인, 신세훈 이사장님, 과천 문인협회 시인들, 지난 대학 시절의 한양문학회 동문들……. 모두가 그립고 고맙다.

그림에 눈을 뜨게 해주신 과천 문화원 김광현 교수님,

정태균 교수님, 윤미례 선생님, 전선혜 여사님, 그리고 10여
년간 그룹전을 함께 열어 온 선백회 회원들께도 감사한
마음을 보낸다.

 가까이서 영감을 불어 넣어 준 석화정을 비롯한 많은 벗들,
국선도 원장님과 도우들, 참나를 일깨워 준 마스터님들, 오랜
세월 함께 한 직장 동료들, 네 분 부모님…… 그리고

 어느새 어른이 된 두 아이들과 듬직한 남편 이진우
도반에게 이 행복을 돌린다.

                                              2012년 봄날에

시를 그리다

시를 그리다

시를 그리다

■ 3부 살아가는 일

■ 4부 나를 돌아보며

선숙 우인혜 시화집

시를 그리다

I

사랑, 그 아픔과 그리움

장 마

그녀는
달에 한 번 피 흘리는 암컷.

못 이룰 사랑으로
날에 여러 번 피 흘리는 암컷.

놓을 수 없는 사랑
평생
안고 가야 하는
그대는
차라리 형벌.

찬란한 형벌이신
수컷이시여—.

장마 철 기간 내내
비 흘리듯
종일 내
한 달 내
피 흘리는,

궂은 날
저기압의
암컷.

차갑고
우울한
장마철
그리움.

(2005, 8)

집 착

눈 못 뜰 만치 고운
그 둘의 사랑 힘겨워
자꾸 낮아지고 있는 중.

'어제 밤 꿈 속 내내 그는 따뜻했지.'

그 둘 사이 살가운 눈빛이 박는 대못이
깊숙이 관통하는 중.

'이제는 그만 그를 놓아주기로 하자.'

지렁이의 비참한 몰골에
굵은 소금 모래 뒤집어쓴 고행.

습기 찬 흙바닥에 누워
스스로 물이 되도록,

앉아서 열반에 든 고승처럼
온몸 볕에 드러내고
길 위에서
말라붙은 육체

그 5체·투지의 열망
'스스로 바람 되게 하소서.'   (2006. 7)

원망(怨望) 열망(熱望) · 55×78cm · 한지, 수묵담채 · 2007

들고양이의 갈망

비굴한 고양이다.

밤새 거리를 헤매며
일탈을 꿈꾸는,

나는
금지된 것을 사랑하고 싶다.

낯선 곳에서는
일상을 외면해도 좋겠다.

자유를 가장하여
세상의 갖가지 이야깃 글
신문지를 요삼아 깔고 누운 채
중년의 갈망을 잠재운다.

비밀스런 눈
어둠 속에 번뜩이며
겁탈을 기대하고 있다.

그의 사랑 덮치기를
꿈꾸고 있다.

숨겨진 그리움
하루하루
길 위에 뿌려가면서,

진실한 사랑이
두려워 세상이 두려워
비굴한 처세를
익혀버린,

난
그의 속
깊숙이 들어가고 싶다. (2006, 8)

봄 날

나 피울 수 있을까?
탁 터진 너처럼.

남 몰래 키워 온
눈 빛.

시샘하는 추위 속에서
살을 가르고
방방 곡곡 첫발 내디딘 너처럼.

온세상 떠들썩
내 봄날
다시 건져 올릴 수 있을까?　(2009. 3)

그대는 그대로 산입니다

그래도 산에 와 안기는 편이 좋습니다.

바람소리, 물소리, 산새소리가
산사의 독경처럼 인연을 잊으라 해도,

속 시원히 쏟아 붓는 계곡물 따라
이 큰산을 홀로 차지하며 걷고 있어도,

비 오는 오늘
깊숙이 박힌 허기는 채워지지 않습니다.

썩은 나무뿌리와 말라 죽은 넝쿨줄기가
바위틈 거미줄을 매달고 계곡물살에서 흔들거려도,

물속에 발을 담그면 마음이 편해집니다.

얼마나 아름다운 까닭인지요.

갓 비 그친 뒤의 풀내음
방울 맺힌 잎새들의 싱그러움
살짝 가려진 비안개 속에,

여전히 숨어 있는 그대는…….   (2010. 7)

목련꽃 몽오리에게

사춘기 젖몽오리 선 듯
흰살결 봉긋한
꽃 몽오리
'평생 첫 사랑.'

꼭꼭 여며매고
참아내는 사랑
눈으로만 간직하길.

오직 그에게만 다가서길
아픔 보듬고.

항시 못다 채우길
간절하도록.

갈수록 덜 달구고
더 비우고
덜 담아내길.

만개한 꽃으로
활짝 터뜨려
부디
'열리지 말길.'

(2006. 3)

눈을 맞는 마음

이 너른 세상에서
오로지
제 몸 위에
내려앉으신 그대를
눈 털 듯 털어내진 않겠습니다.

우연이라 하여도
닿자마자 녹아드는 물기로
따스한 인연을
머금겠습니다.

길로부터 길까지
하얗게 뒤덮인 세상엔
어디나 지워진 길
가지 않은 길이 나있습니다.

이제껏 걸어온 발자국
뒤로 흐트러지게 숨기고
수백의 미래
경이로운 미지의 땅.

하루하루
걸으며
밟아가겠습니다.

우연히 제 몸 위로
사뿐히 내려앉으신
그대
시리디시린 길을 따라서…….   (2006. 5)

유리벽에 부딪히다

더는 다가서는 게 아니었어요.
보이지 않는 벽
그 투명함에 속고 말았죠.

품 속 가까이
단걸음에 달려가던 그날.

유리벽에 부딪혀
깃 접고 추락하는 새처럼
결국 제살을 찢기고야 말았어요.

그러나 이제는 알았어요.
당신에겐 당신의 공간이 있어왔음을.

화창한 날에도
더는 다가서는 게 아니었어요.

벌어진 상처 여며맨
실밥 한 땀 한 땀 뽑아올리며,

그런데 어쩌지요?
자꾸 또 믿고 싶어지는 걸.

넘어설 수 없어도
늘 바라만 보며 살려나봐요.

유리벽은 말하네요.
'어디 있느냐 보다 어딜 향하냐가 더 소중하다.'고.

(2008. 5)

삶 속으로 • 120×75cm • 한지, 수묵진채 • 2001

홀로 사랑

찬란한 달밤 달빛 우러러
윤기흐르는 살결로
드러누운 바위처럼.

품을 수도 안길 수도 없는
내 안의 사랑
이룰 수 없음에
그래도 지치지는 말았으면 해.

때론 비어있는 여백이
말없는 침묵이
이룰 수 없는 욕망이
삶의 더 많은 의미를
실었을 지 모를 일이잖아?

그리움에 달빛 그리다가
달맞이꽃으로 피어났다는
먼나라 슬픈 그여인처럼
스러져도 아주 스러지는 것이 아니라
꽃으로 다시 피어날 지 모를 일이잖아?

우울한 먹구름처럼
무거운 마음 너무 무거울 때면

눈물방울 되어
세상에 한껏 뿌려지면 돼.

못 이룬 사랑 탓에
물거품 되었다는
먼바다 가여운 그 여인처럼
스러져도 아주 스러지는 것이 아니라
흰 구름 가볍게 떠다닐 지 모를 일이잖아?

그러니까 이룰 수 없음에
스스로를 그렇게
버리지는 말았으면 해. (2006. 4)

나무와 그림자

밑둥이 닿아있지요?
우리는.

비록
당신이 빛날수록
더욱더 검어지는
나일지라도,

따르는 거동
하는 모양새,

꼭 닮아있지요?
우리는.

비록
한몸으로
영영 포개질 수 없는
운명이라도,

함께 하지도
따로이지도
못하겠지요?

결국
당신과 나
우리 들의 사랑은…….   (2005. 5)

II

가족이야기

맞벌이 출근길

상행선엔 남편 —
하행선엔 아내 —.

전철역 맞은편에
맞벌이 부부가 서 있습니다.

20년 넘어 함께 산
그이가 먼저 전동차에 실려갑니다.

남은 그녀
결국 이다음
남겨지게 될
혼자는 누구일까 생각합니다.

상행선 떠난 그때는
텅 빈 역
하행선 기다리는 이때만큼이나
쓸쓸하거나 지루할 걸 —.

아마 40년쯤
함께하는 노부부되면
알게 될 걸 —.

우리 사는 세상사
모든 재미는 오로지,
'함께 한'
사실 때문이었단 사실.　　　　　　(2005. 10)

산에서 뵈었네

솔 찾아
숲 찾으니
솔 향내가 향기로워요.

물 따라
계곡 따르니
물소리도 정겹구요.

'아버지, 여기 계시군요!'

솔 내음
물 흐름소리에
정 담뿍 담고,

아주 내 가까이에
머물고 계시군요.

오랜 병실 밖
이승 밖으로
나무로, 바람으로, 향기로, 소리로
문득문득 뵐 수 있는,

아버지
살고 계신,

숲
찾아서
계곡
따라서.   (2004. 10)

흔적 · 163×130cm · 한지, 수묵담채 · 2003

거미의 은퇴

거미는 거미줄에 갇혀 있다.

의사였던 아버지는
반신 불수가 되어서야
시골로 은퇴했다.

자유를 그리던 아버지,
귀향의 꿈은
내내 흰 가운을 벗지 못했다.

휠체어 위에서
웃지도 울지도 못하는 눈빛
꾹 닫힌 입으로만 말한다.

햇살 머금은 날
새끼들 위해 내맡긴 몸체
다 사라진 이제,

고향땅에 내려서려나―.

바싹 말라틀어진 채
가느다란 줄 타고 내려와
가랑잎틈새로 숨는다.

낡은 올가미는
바람에 찢겨 나풀거리고
잔솔잎 하나 매달려
아쉽게 대롱거린다.

('自由文學' 추천 완료작. 2006. 10)

아버지 기일도 지나쳐버리고

4월 화창한 날
아버지 기일을 잊어버리고
직장 엠티를 다녀오다.

오빠네 부부에겐
성묘로 대신하마고 변명하면서.

날씨 좋은 청명일에
누군 꽃나무도 심었다는데
밤늦도록 일만 하다.

고향 친구의 부친상 문상도 못가고
전화로 푸념만 들어주다.

'그동안 뭐하며 살았나 싶다고,
엄마라도 자주 찾아야지 싶다고…….'

체증앓이 후 엄마는 기력이 부쩍 쇠해
한 달내 병원서 미음 반 양으로 줄여드신단다.

'삼계탕'먹는 가족들 머리 위로 엄마의 얼굴이 걸려오다.
한 마리도 거뜬하시던 분,
'삼계죽' 반종지에도 끅끅대신다.

울컥하면 핸들 꺾어 찾아오마던 고향 친구에게
문득 문자 한 줄을 날리다.

'나 역시 지금
뭐하고 사는 건지 모르겠다.고…….'   (2011. 4)

성묘가던 날

낙엽도 치매에 걸려 있었어요.

젊은 날 色도 氣도 다 바랜 채
나지막이 내려앉아 있었지요.

남은 생을 치매 병동에서 마감해야 할
어머니를 모시고 어렵사리 성묘갔어요.

반은 업히고 반은 휠체어로 함께 한 것은
그래도 아직은 잠깐씩
아버질 알아볼 거 같아서예요.

뭉뚝해진 봉분을 덮고 있는 성성한 잔디가
어머니의 다 빠진 흰머리털 닮았네요.

이부자리 깔아두던 생전의 모습처럼
옆자리에 가묘를 펼쳐두고
아내를 기다리고 계시는군요.

작년 이맘때만 해도
'나도 어여 저기 가 누울란다.' 농치시던 엄마는
어쩐지 올 추석엔 눈길 한번 돌리시지 않네요.

앉아서 사셔야 할 어머니의 시간과
누워 잠드신 아버지 시간 위에
소주 몇잔 부어드리고 돌아설 즈음

소리없이 부슬비는 내리고
비석 위에 젖은 낙엽이 하나
힘겹게 달라붙어 있네요.　(2009. 11)

관조 • 162×130cm • 한지, 수묵담채 • 2003

아버지 병상에서

살며시 눈을 떠보세요.

까맣게 불태운 논은
영글었던 풍요를 담고 있어요.

지금 까맣게 타들어간 당신 가슴속에는…….

눈덮인 겨울논 이곳저곳에 놓여진 낟가리들은
지난 날 만끽한 수확을 얘기하고 있어요.

하얀천 휩싸인 당신의 앙상한 수족에서는…….

단단히 얼어붙은 논바닥
엎드린 채 쌓인 눈 녹인 물 위엔
꿈꾸는 봄날이 움트고 있어요.

수년을 꾹 닫은 힘겨운 당신의 눈꺼풀 위엔…

그 뿌연 동공의 창 열어제끼면
어떤 세상을 내다볼 수 있나요?

이제껏보다 앞으로보다
더욱 행복한 행복

바라볼 수 있나요?

황금빛 논처럼
우리들 형제
넘치게 키워주신 아버지…….

살짝 눈 좀 열어보세요. (2004. 4)

이심전심

딸애가 사들고온 '기도하는 손'은 화가가 밤새워 기도해준 친구의
손을 그린 우정을 말해주는 것이 아니라 사실은 요즘 딸애의 간절한
소망을 담고 있는 그림이었을 것인데, 날마다 그것을 바라보면 절로
108배가 우러나는 이유는 경건한 예술품에 대한 감동 때문이 아니고
불심 때문은 더욱 아니고 다만 길 가다 흔히 눈에 띄는 단풍잎들이
온통 딸애의 기도하는 작은 손처럼 어른거리는 까닭이니, 네 간혹
가지에 매달려 바람에 흔들거리다가도 결국 다시 돌아와 책상앞에
앉게 되는 이유도 바로 그림 때문이 아니요 불심 때문은 더욱 아니고,
다만 에미에 대한……

(2008. 5)

기도하는 손 : 자신을 위해 오랜 세월 희생하고 기도해 준 친구 한스의 손을 그린 뒤러의 작품

이심전심 · 38×48cm · 한지, 수묵담채 · 2011

자취방 빨랫줄

자취방 빨랫줄에는
아들의 모습이 걸려있네.
세상 홀로서기 위한 세탁법을
갓 배운 뒤
어설프게 걸려있는 구깃한 빨래들.

성인의 문턱에서
어눌하게 서성대는 젊음은
멀리 떨어지려는 원심력의 힘으로
날마다 새로워져 돌아가는데,

물기 다 날아간
빈 집 탈수기 바닥에서
어느새 뒤엉켜있는
환갑 가까운 세월들.

번쩍이는 면허증 새로 뽑아가지고
미래로 치달리는
아들의 속도는,

방 얻어 내보낼 적
손때 묻은 옷가지들을
자신의 세제로
빠르게 씻어내고 있었네. (2007. 3)

봄날의 그리움

약속을 지켰다, 벚꽃은
자매 함께 서있던 꽃자리에
올해도 흐드러지게 피워올렸으니.

부도를 싸안고 서둘러 날아간
언니에게선 한 줄 소식도 없이
세 차례 벚꽃만 피었다졌다.

아직도 추운 계절의 그늘 속에서
곧 다시 피워 내마던 다짐은
빚으로 잠잠히 발길 묶여있는지.

아직도 추운 계절의 어두움을 걸치고
저기 저그늘 한쪽에 숨어
누가 잠잠히 서있는가 싶다.

나들이 나온 봄볕이 4방에서
우리 자랄 적 반짝이는 몸짓으로
희희덕거리며 비추일 즈음,

난 더 기다리게 되리라.
한 송이 말조차 못 건네는
올해도 내년도 또 후년이 될지라도.

새봄을 함께 하고픈 겨울가지 위에
안간힘으로 돋아난 간절한 마음이
해마다 섧게 느껴지므로해서…….   (2007. 5)

시 소

그이와 그 결혼하기 전
마주 오르내리던 거기에.

아기 한사람씩 안은 젊은 엄마와 아빠
번갈아 오르내리던 거기에.

아들딸 함께 가까스로
엄마아빠 힘껏 내려올리던 거기에.

이제 중년 여인 혼자서
오르지도 내리지도 않은 채
덩그마니 앉아있다.

아들아 이담에 네 품에 포옥 안겨
오그라든 노파 건너편에.

너 꼭 빼닮은 아기품에 안은
젊은 한때 나 같은 여인도 함께.

깔깔 웃음
하늘높이 올리고내리며
우리 정답게 지낼 수 있을까?

너와 그녀 결혼하기 전
나홀로 오래도록 내려앉은 여기에. (2007. 5)

Ⅲ

살아가는 일

위안삼을 일

그림자 있어
끝까지 따라와주는 건
정말 다행한 일이다.

두터운 빙판 계곡아래
안쓰럽게 이어지는 흐름과 흐름
그 따스한 맥박의 생동으로부터,

겨울날씨의 냉담한 천지는
싸늘하게 두려운 산간은
참말 혹독한 일이다.

어둠이 오면
어둠을 걸을 수밖에 없는 우리는,

제발자국 소리 행여
뒤돌아보곤 하는 우리는,

엷은 가로등빛의
푸르른 새벽 달빛의
혹은 저녁 별빛의
그어스름한 미련아래서,

희미한 그림자 하나
평생 동행해주는 건
퍽 위안삼을 일이다. (2005. 10)

위안 삼을 일 · 38×48cm · 한지, 수묵담채 · 2011

늙기도 설워라커든

조강지 처 묻던 날
병수발 털어 시원할까 싶었네.
아내 유언대로
새사람 만나 호강도 해볼까 싶었네.
이늠 저늠 자식들 신세 안지고
홀로 설 재산도 있지 싶었네.

한 해 두 해
순식간에 8순도 지나
이젠 깨끗이나 살다가야 옳지 싶은데
왜 이리 하루도 낮도 밤도 길기만 한지.

돈보다 이늠 저늠 정이 그리워
육신이 아픈 건지, 마음이 쑤신 건지
이리 가도 넘어지고, 저리 해도 흘리고
기운이 나간 건지, 정신이 빠진 건지.

그래도 며느리가 새살림 내준다고
이리 뛰고, 저리 뛰고 기대가 큰데
이래 안된다 하고 저래 번번이 깨지니,

'예끼! 이런 고오연 년!
차라리 늙은 시애비 혼자 내뻘고
느그들 살 길 찾아 퍼뜩 떠나 부리래이—!'

(2008. 4)

역 • 120×110cm • 한지, 수묵담채 • 2005

여행 사진에 대한 단상

댐은 흐르는 강물을 잡아두고서
무엇을 꿈꾸고 있나?

살아있는 여행지의
느낌 그대로를 만끽하자고
사진없이 여행해온 25년차 부부.

단체 여행 분위기에 휩쓸려
모처럼 셔터를 눌러대었지.

순간 순간 여행지의
감동들이 아스라해질 무렵,

카메라에 담겨진 사진들은
한 장 한 장
잊혀져가는 즐거움을 들추어내지.

거대한 자연 한 점을
손톱만한 렌즈로 떠내는 순간,

댐처럼 멈칫,
시간을 잡아두는 사진의 의미.

그대로 흘려보낼까? (2009. 9)

동 행

소주 몇 잔만 들어가도 자신에 취해 마냥 흐느적거리며
무너지던 사내가 있었다. 골목길에 웅크려 큰목청
구성진 가락으로 웃기면서 을 줄 아는 사내가 있었다.
얇을 薄 박사 학위가 송구스러워 고향엔 아예
발길을 끊었다는 그 사내. 가끔 맑은 정신든 날에는
날카로운 눈빛으로 두문불출 스스로를 종일 독방에
가두기도 했다.

50 줄 훌쩍 넘은 나이에 비로소 처음 받아봤다는
월급. 잘 나가던 친구들 하나 둘 명퇴하던 그즈음,
빈봉투까지 다 풀어 마셔버리곤 하얀이를 드러내며
활짝 비을 줄도 알았던 그사내. 느지막이 관운이
활짝 열렸다고 부러움 반, 시기 반으로 친구들
입담에서 한껏 씹혀지던 바로 그시기에……

그사내는 암병동에서 말기암을 도려내야만 한다
는 말을 들었다. 젊은 날의 고뇌도 늘그막의 출
세도 다 거둬내면서 고즈넉한 철학자가 되어가고
있는 조용한 나날.

철부지 남편을, 평생 큰누나처럼 웃어넘기며 풍성한
뱃살을 나눠주었던 그의 아내는 죽음을 감내하며
말 수가 줄어든 흰머리남편을 배 위에 뉘고, 세상사
시시덕거리며 술에 절어 애를 먹이던 젊은 시절 그사내를
그리워한다. (2008. 5)

노숙의 달

1.
하현달이 노숙을 하네,
겨울밤 내내.

실눈 뜨고 밤을 지새네.
온기 빠져나간 전철역귀퉁이에서
게슴츠레한 뜨내기잠
주린 배와 구부러진 등
쉬이 잠들지 못하네.

밤하늘 가생이 붙잡고 매달려보아도
저물어가는 삶은 어쩔 수 없네.

2.
북적이던 출근길
모두가 하차한 종착역에
홀로 남아 눈감고 돌아누웠네.

담배꽁초 주워피우듯
나날이 사그라지는 꿈
시발역으로 다시 돌아가고 싶었네.

변두리교회가 흘린 몇푼에 맞바꾼 소주
외로워서 마시고
마셔서 더욱 외로워,

이제는 그만 청산하자고
살아서 더 잘 살아보자고
슬기운 핑계삼아
가슴 속에 묻어둔 이름 불러보네.

냉담스럽던 처자식 얼굴에
온천지가 원망스러워
명절 보름달처럼 둥그런 눈망울가에
젖어 문지른 때국물
커다랗게 달무리지네. (2007. 1)

어느 초겨울의 과로사

잔업을 마친 귀가길,
막차를 잡아타고
안도의 숨을 쉬다.

웃깃을 세우고 걸터앉기 무섭게
비집고스며드는 졸음.

정류장을 한참 지나
종점까지 이어지는 꿈.

마지막 하차장에 내려서는
말단의 삶이,

대합실 구석구석에서
웅크려잠든 노숙자들을 바라보다.

낯선 밤거리에 줄지어선
포장마차 불빛 속의
작은 환락들.

꼬치국물과 소주는
훈훈한 마음에
어둑한 세상으로 유행가 한 자락.

차가운 땅에 비틀거리며 드러눕다. (2010. 3)

부모님 아파트 굴뚝 철거날

기운 센 연기를 뿜어올리는 굴뚝밑에서
그시절 퍽 따뜻하기도 했네.

한 때 아랫목을 덥혀주던 훈훈한 사랑은
이제 골칫덩이가 되어,

없애자거나 혹은 그냥두자고도 하네.

아파트 키보다 높은 덩치가 부담스러워
슬쩍 곱게 덧칠해버렸네.

열병합 발전소가 앗아간
굴뚝의 현주소는
용도 폐기된 빈껍질.

이제는 늙어 힘 다 빠져버린
부모님의 초상화.

고운색 기둥 위에
덕지덕지 얹혀있는 까치집들은,

아파트 자식집에서
눈칫밥 먹는 노인마냥
거북스러워,

올해는 굴뚝을 부숴버리자 하네.

한 켜 한 켜 잘려나간 몸체는
고려장 치르듯
하루새 몰래 버려지고,

굴뚝 서있던 양지바른 터 위에
철모르고 뛰어노는 아이들의 웃음소리.

사라지는 자는 사라지고
짐짓 세상은 평화스럽네.　(2006. 9)

새 차처럼 펴주십니까 ?

외곽 도로 갓길에 세워둔
왜소한 차 한 대.

'찌그러진 차 펴드립니다.
 새 차처럼 바꿔드립니다.'

'찌그러진 마음
찌그러진 기억도 펴주십니까?'

우그러진 3륜차,
불거진 소형차의 옆구리에는
졸다깨어난 얼굴처럼
삶에 늘린 자국들.

꿈은 그대로 꿈인 채로 남아
피우다 만 공초들 너절하게
태우다 만 이야기로 떨구어있는데
변두리 2차선길 허름한 봉고차 주변
구부정한 노인 하나 앉아,

두 손 벌려 쬐고 있는 석유 곤로의 불기
기름때 찌든 손으로 펴만지는 구겨진 지폐의 감촉은,

'수리된 차의 새 아침.' (2010. 12)

화해하기란

1.

자리잡고 앉은 산에 왕개미 기어와 한 줌 모래 덮으니,
화들짝 놀라 되돌아간다. 다리 긴 거미 다가오는 게 무서워
또 한 줌 모래 덮으니 한참 기다려도 무소식. 죽었나
슬며시 걱정되어 떠들어봐도 온 데 간 데 없다. 다리 긴 그녀
내게 고의로 위협적인 건 아니었는데, 내가 심했는가 싶다.
내일 출근하면 먼저 사과해야지.

2.

한 마리 다리 긴 거미 다가와 다시 혹시나 하는 마음에
한 줌 모래 덮으니, 보이지 않는 속도로 사라진다. 그럼
앞서 그녀도 피신하여 이미 제앞가림을 해놓았을 지도
모르는 터. 공연히 나만 사과 운운하며 우스갯거리가 되는
거나 아닌지. 내일 출근하면 그냥 모르는 체 해야겠다.

(2011. 9. 25)

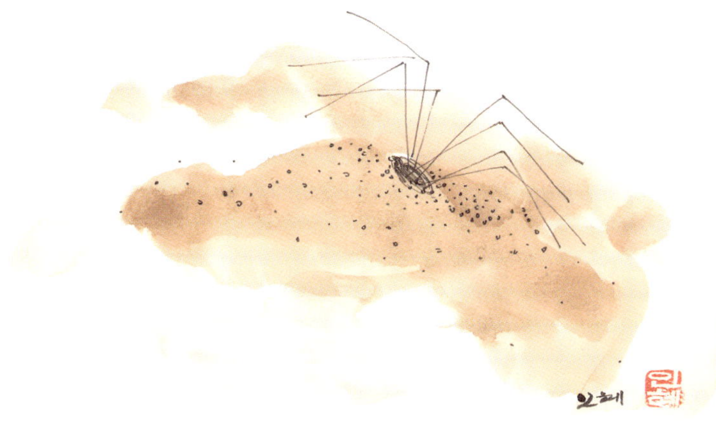

환 승 역

지하 계단 한 켠에서
쭈그려앉은 어린 아이 보았어.

동전 두어 개 담긴 바구니 멀찍이 놓고
두 무릎사이로 푹 파묻은 고개.

입시 지옥에 찌들어
웃음잃은 아들의 축 쳐진 뒷모습같았어.

도시 환승역에는
강남을 향하는 이들과
강북으로 걸어가는 이들이
서로 무심히 지나쳐
차를 바꿔타고 있었어.

나도 한 때 귀찮은 듯 젊음을 둘둘 말아
어느 지하역 계단 위에 기대앉기도 했어.

깊은 지하에서 지상으로 가는 계단 어딘가에
힘없이 걸터앉았을 고달픈 소년들아 —.

환승역에서 받아든 인정어린 지폐로
따뜻한 한 끼 식사 훌훌 사마시듯
반대 방향 출발하는 노선에 올라타보렴.

잠시 고개들어 위를 보니,
어둠과 맞닿았던 그애 떠난 자리에
출구로부터 모여든 햇빛 한 줄기
눈이 부셨어. (2006. 8)

IV

나를 돌아보며

폐경을 맞이하는 독백

몇달을 거르던 달거리가 터지니
황송하네.

젊음이 한밑천이던 시절
성가시럽던 만원 통근 버스의
생리통.

명퇴 당한 친구 몇몇은
자궁을 떼어버리곤
거참 시원하다며 자글자글 웃네.

지정석까지 마련된 무료 전철을 타고
직장을 벗어나 달리는
새노인들의 세상.

물음표를 달아맨 이정표가
폐경즈음의
붉은 황혼빛 길목에 서있네.

골다공증 막아준다는
여성 홀몬 제 세어들고는

그래도 아직 이달까지는
여자일 수 있어서 다행이네. (2010. 10)

중년 · 91×83cm · 한지, 수묵담채 · 2005

노 브 라
- 안식년 중에 -

일터를 벗어놓은 자유.

죄어드는 압박감따위는 풀어버리리.
무풍 지대에 자리잡고서
아담한 텃밭 하나 일구어보리.

새봄맞이의 풋풋한 미각
때론 꽃삽 들고
글밭에 뿌린 꽃씨라도 피워올리리.
때론 솔바람의 청정함 속에
나 안의 나에 귀기울이리.

투명한 커튼을 드리우고
감로수로 씻어내리는 알몸
실오라기 걸침없는 온기
그체온의 따스함으로
아직 물기가 마르지 않은 채
사람들을 맞으리.

아름답게 늙는다는 거.
그냥……
순수로 돌아가는 거. (2009. 5)

나무가 쓰는 시

나무가 가지를 째고 여린움을 틔울 적
시인은 풋풋한 시를 낳고 싶었네.

무더운 여름내 왕성히 자란 잎새처럼
무성하게 시를 키우고 싶었네.

단풍이 찬서리에 도리어 화색 돌 듯이
험한 세상에서 고운 시를 피워내고 싶었네.

겨울의 언저리에서
낙엽이 품을 떠나 바스락 밟히는 노래를 알게 될 즈음,

수거용자루에 쓸어담긴 채
여기저기 나뒹구는 낙엽더미처럼
퇴비용 언어들은 참참히 썩어가고 있었네.

앙상한 가지들이 언하늘에 실핏줄 긋다가
온몸 짚으로 동여매인 매서운 겨울.
얼어붙은 뿌리로 물을 들이쉬면서

내일이면,
거짓말같이 생기를 되찾고 싶었네. (2008. 10)

분 수

분수는 제 分數를 아나보다.

얼기에 물오르던 시절
끝나는 적당한 때가 되면
내려서는 것이지.

그래서 내리막길 치닫는
폭포소리도 안내고
슬며시 내려앉는 거지.

그래서 이슬이나 빗방울같이
풀잎 위에 더 매달리려
안간힘도 안쓰는 게지.

오르다가 내려 선 이라면
다 알게 될 거야.

바람을 실은 동전들
가슴 곳곳에 담아두고
떨어져 다시 오르는 열정마저
산산이 흩어지고마는
차가운 침묵을……

리듬 따라 춤추던
한낮의 젊은 축제가 끝나면
홀로 남겨지고마는
어둠의 시간을…….

캄캄한 밤
떨어져내린 제 분신을
온전히 그러안고서.

별과 달과 등불을
모두 다 품어안고서. (2007. 8)

노 안

안경을 곁에 두는 것은
이제 뵈지 않던 것을
봐가며 살려하기 때문이지.

나이 들어 바로뵈기 시작하는
나 아닌 것들.

깊은 강물 속 숨어흐르는 물살같이
오랜 삶 뒤에 찾아오는
무감각했던 느낌따위들.

무심코 걷다 밟아으깨진
은행알에 대한 미안함.

새벽녘 산책길에서 주운
한음큼 밤톨에 대한 고마움.

까맣게 탄 산등성이를
어느새 뒤덮어버린 새순에 대한 대견함.

'대웅전' 앞뜰 햇볕 한가운데
네 다리 쭉 뻗고 잠든
누렁이에 대한 부러움.

아버지 즐겨 드시던 복숭아에 대한
한입 가득 배어나는 그리움.

눈 아닌 맘으로
따스하게 보듬을 수 있는,

삶을 사랑하는 법 따위들. (2008. 5)

얼마나 좋을까 ?

불빛꽃 흠씬 피우고 난
분꽃씨처럼
까맣게 다 타버려도 좋아.

살빛꽃 흠씬 드러낸
목련잎처럼
떨어져 흙속에서 뭉개져도 좋아.

차창밖
뒤로 스치는
산과 들과 논밭처럼,

세상 모든 이 걷지 않는 길을
거꾸로 달리다가
아득히 시야에서 사라져도 좋아.

돋고 싶은 자리 돋아 난 풀잎들처럼
벋고 싶은 대로 벋어난 가지들처럼
부딪고 싶은 때 부딪고
가고 싶은 데,
가고 싶을 때,
가고 싶은 대로 흐르는 물처럼,

그렇게 질끈

하고 싶은 걸 다 하고 살면

정말 어떻게나 좋아. (과천 율목시민문학상 수상작. 2003. 10)

민달팽이에게 배우다
– 이석증을 앓고 나서 –

하룻밤새 훌쩍 커버린
성장욕을 누르고
민달팽이는 깔딱고개에서
오수의 행복을 누리고 있다.

중년고개까지 정신없이 달려온
나의 귓바퀴 속에서
이젠 천천히 걸으라고
어지럼증을 가르치고 있다.

이비 인후과에서는
달팽이관이 평형 감각 잃으면
세상이 빙글 뒤집히는 건
병도 아니라고 —

가면서도 멈춰 선 듯이
느릿느릿 살라고 —.

맨몸으로 사는 세상살이
제속도로 매끄럽게 살아내는
민달팽이의 더듬이에
내 안테너를 맞추어본다.

숲속 산책길 위에
배를 착 깔고 누운 여유로

물 돌 기어넘는 소리에도
귀기울이며

긴호흡 넉넉한 시간
물음표 마냥 몸구부린
민달팽이처럼,

'나는 누구지?' (2006. 8)

지금 여기가

1.
호수가 수면 위에
나무나 숲을
나무나 숲 그대로
비추고 있음은
올곧고 평화로운 마음을 지녔기 때문이다.

바람결따라
파문에서 파문으로 이어지는
내 마음도
그 호수면이 되고 싶다.

늘 잔잔하고 평화로운
거기가 바로
'여기'가 되고 싶다.

2.
나무가 때가 되어
꽃지고 열매맺음은
자기를 비울 줄 아는 마음을 지녔기 때문이다.

털어낼 때를 아는 나무와 같이
내 마음도
꽃잎 떨구고
낙엽떨침을 배우고 싶다.

다 여의고 놓을 줄 아는
그때가 바로
'지금'이 되고 싶다. (2006. 3)

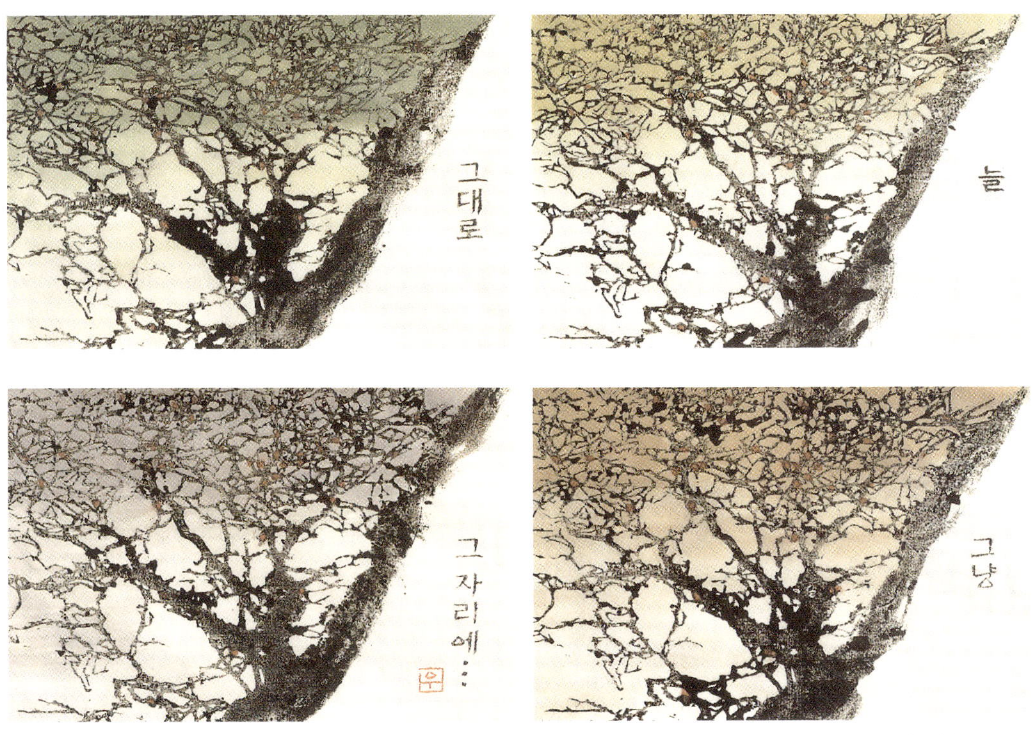

나무처럼 • 100×110cm • 한지, 먹, 판화 • 2002

숨어흐르는 물

숨어흐르던 물이
빈집으로
흘러들어가,

세상이
텅 비었다.

빈집과
흘러들어온 물
이세상에
단둘 뿐.

아무도
없고
아무것도
없다.

빈집에
숨어들어간 물

머무를지
떠나갈지,

하늘
밑
그 누구도
모른다. (2005. 12)

무심 · 120×75cm · 한지, 수묵담채 · 2004

빗물 고이면

비는 밤사이 물내려가는 곳에
낙엽을 소복이 쌓아놓았다.

물은 빠져나갈 데 없어
길 위에 누워버린다.

물이 누워버린 길 위로
나무도 눕고
광장의 시계탑도 군중도 눕고
걸어가던 나도 눕는다.

한 평면 위에 누운 그들은
바닥저변에 납작이 깔려있다.

잠잠히 침묵할 뿐인 그들은
숨이 멎은 것일까 —
숨을 죽인 것일까 —.

죽음닮은 쉼도 잠시,
쏟아지는 빗줄기는
물을 다시 흔들어놓는다.

떨어지는 파문마다
혼란이 번져나는 수면 위의 나.

물 빠져나갈 낙엽을 치운다.

물은 물소리로 신음하며
가던 길을 계속 가고 있다. (2004. 9)

V

헤어진다는 것은

이 사

금이 간 것은
다 남기고 왔는데,

함께 한 오랜 세월
아주 말끔히.

숟가락과 젓가락
새댁 시절의 밥주발까지.

지탱하고 지내던
옛 이야기를 모두 지우고,

새로이 옮겨간
보금자린데,

'버리리라. 버리리라.' 하여도,

금간 사랑은
두고온 것이 아니었나?

그리움은 날마다 날마다
깊게 파여오는 균열.

아직도 깨어지지 않는 너.　(2010. 3)

밤비 내리던 밤

유달리 맛있는 비
내리던 어젯밤.

그를
진하게 깊숙이 묻어두다.

훗날 황혼기 즈음
그를 다시 파헤치면
풋풋한 사랑 또
피을 수 있을까 하며.

베란다 창두드리는
빗소리가 불러
우산 위 굴러내리는
빗소리들을 만나다.

까만밤 밝게 베어낸
가로등 빛줄기 속에
하나 가득 뿌려지는
금빛 빗방울.

머리부터 발끝까지
맘과 몸
안과 밖에

흠뻑 **黃金水**를 놓다.

그가 즐겨하던 술
좋아하던 안주와 함께
폭포 계곡을 찾으면,

그도 밤비타고
물흐름으로 다가와
발가락을 간질이다.

이윽고 새벽녘—.

간밤비로
더욱 세차진 계곡물이
하얀거품 일고 요동치며
가슴팍으로 뛰어들다.

心底에 묻어둔 그도
다시 요동치며
가슴 밖으로 뛰쳐나오다.

오늘 또
'외로움'
한층
드세진
계곡물처럼
거세다. (2004. 4)

喪妻와 傷處

숨이 멎어야만
멎을 것인가.

다가설 수 없는 그대
아내에 대한 그리움.

호스피스 병동에서 나눈
시한부 아내와의 이별사는
가슴 속 족쇄가 되어
오랜 세월 홀아비의 올가미를 씌우고 있다.

보이는 곳, 내딛는 곳마다
함께 묻어나는 시간들
떠오르는 기억 갈피갈피
쌓여만 가는 가책들.

새로 장만한 큰 집에서
며칠 살아보지 못한
아내의 마지막 아쉬움까지.

덩그라니 죄다 그러안은
텅 빈집의 커다란 허공.

벨을 눌-러-도
열어줄 줄 모르는,

단단한 그대의
가슴팍. (2009. 4)

친구 떠나간 후에

－ 석도우 이사 간 날에－

무엇이 우리를
몰고왔다,
몰고가는 것일까?

멀리서 갑작스레 다가온
그날
그리고 다시 멀어져간
오늘.

강물에 드리운
그물 속 물고기들
한 때 몸 부비며 파닥이다가
제 각각 다
빠져나가버리네 그려.

씨실과 날실의
어망 사이를
제 갈 데로 흘어 흐르는
물살처럼,

운명 사이에서
우리 이렇게
다가왔다 멀어가나 보이.

담쟁이넝쿨 뒤덮인
자네의 집
창틈으로
불빛 새어나오고,

나 거기서
고스란히 비운
매미껍질을 보았네.

체취도 남기지 않은
텅 빈 자네의 방. (2005. 4)

고향 그리워

숲속 오솔길을 걸으면
고향집 한 소녀가 나타납니다.

양지바른 산책길 기억 속으로
벚꽃이 흩어져내립니다.

동틀 무렵 산새들의 지저귐과
바람소리·물소리도 들려옵니다.

새벽녘엔 아랫마을 초가집 굴뚝마다
밥짓는 구수한 기둥들이 하늘을 향해 기도합니다.

뒤뜰에 잠든 누렁이의 빈밥그릇에
한두 개 굴러들어온 도토리를 들고
'엄마! 정말 개밥에 도토리네.' 깔깔 웃는 소녀도 보입니다.

텃밭에서 캐낸 자줏빛 흙감자와
갓낳은 따끈따끈한 달걀
식탁차릴 오이 딸 때의 까칠까칠함이 느껴집니다.

높은 줄만 알았던 돌담이 낮아지면서
문득 소녀는 잘라진 시간을
꿰매려 합니다.

늙어서도 젊게 살 수 있는 건
과거 그소녀와 함께 살아가기 때문.

사라진 별빛이 반짝거릴 때
잊혀진 향수도 아름답게 피어납니다.

달을 잡아타고
마을어귀 개울을 찾아갑니다.

송사리잡아 담아놓은 검정고무신
다리밑 어디께 있을 텐데요.

무성한 풀숲 개울 위에 흙 덮어
새로 단장한 테니스 장의 야간 조명.

눈이 부셔 그만 찔끔
눈감습니다.

그리움을 놓지 않기 위해서……. (2010. 4)

부끄럼 ▪ 55×78cm ▪ 한지, 수묵담채 ▪ 2010

청 령 포

– 과천 문인들과 靑泠浦를 다녀와서 –

강물도 푸르게 멍들어있었다.

한 사내의 걸음을 가두어
죽음을 지켜본 강이
한세월 저렇게 젖어서 흘렀으리.

'망향대'로부터
어디로든, 언제로든
동행하고파 흐느끼며 넘쳐났으리.

눈으로 맘으로만 달려내면서
하루하루 기다리던
한 여인을,
그가슴팍 돌무덤을,
넓은 광야귀퉁이에 쌓았으리.

사춘기의 울분을 바라보면서
안타깝게 깊어졌으리.
행여 젊음이 죽여질까봐
녹푸르게 고인 채로 숨죽였으리.

안쓰런 물소리
계곡에서 계곡으로 잦아들면서

푸르게 차갑게
이리로 이어졌으리.

후손들 찾아간
저물녘
배 띄운 강물은
짙게 어두워있었다. (2006. 12)

청령포(靑泠浦) : 강원도 영월 단종 유배지.

느리게 지나가기 · 40×55cm · 한지, 먹, 판화 · 2003

시계는 아직도

빈집에 남겨진 시계 하나 보았지.
잊으려던 기억들이 시시 각각 이어지고 있었어.

늘 몇 발자욱 뒤떨어져 걷던 그대
슬쩍슬쩍 포개지던 감촉으로도
아주 나를 잡아두지는 못 했어.

그날 잠시 빼어둔 전지는
이런 단절을 원한 건 아니었는데
그대 숨결 귓바퀴에 머물고
시계는 그대로 멈춰서버렸지.

하나가 빠르면 혹은 느리게 돌 줄도 알아
재회를 슬기롭게 마련해들 놓던데
왜 그때 우리는 두 바늘이 하나 되어
엉긴 채 눕지 못했을까?

나 이제 그리워져 그길을 다시 걷는데
돌아서면 혹시 몇 발자욱 뒤에
그대 품은 아직도 비어있는지.

홀로 남겨진 시계 하나
내 안에선 끊임없이 설레고 있는데…….   (2005. 7)

면회 금지

'풀밭에 들어가지 마시오.'
쳐놓은 울타리 안에
산들바람 한가로이 나부끼네.

아무도 들어서지 못하는
중환자실엔
접근이 금지되었네.

갑작스런 사고 소식으로
황망히 달려온 병실바닥에
닳도록 뛰어다닌 구두 한 벌
가지런히 놓여있네.

벗어놓은 건
묵묵한 일상.
쉴 새 없어 쉴 수 없었던
일과 일 사이의 자리와 자리들.

울타리를 쳐놓아서 다행 아닌가?

주름지고 황폐한 피부를 뚫고
연푸르게 돋아나는 떡잎과 새싹.

가족조차 면회 금지된
혼자만의 유일한 휴식.

가만히 지켜보게나.

햇살 따사로운 양지쪽에
푹 쉬고깨어 만발한
들꽃과 들풀
나부끼네.

바람결에 꽃씨 하나
　　나풀
　　　　나풀
옷깃에 날아와 앉네 그려. (2009. 10)

코리언 어메리컨

이젠 다시 돌아가야 할까요?

누군가는 버렸다지만 바구니에 담겨있었다고 했습니다.
모천의 향기가 그리운 연어처럼 이렇게 돌아왔습니다.

때론 버리셨다는 미안함이나
안쓰러움과 멸시담은 눈길을 함께 건네시기도 하십니다만,

그냥 발걸음이 저절로 옮겨진 것뿐이랍니다.

그런데, 그곳에서 한국인으로 불리던 우리는,

이곳에서는,

외국인이 되어있더군요. (2007. 5)

밴쿠버 산을 오르며

사이프러스 산의 엄청난 눈길을
밝은빛깔아내들이 줄지어오른다.

털 숭숭난 서양 남정네의
근육질 닮은 산등성이 위를
기러기엄마들이 자유롭게 나른다.

그리웠던 애들 아빠의 방문은
뜸해가는 만남과 어색함으로
점차 성가시런 구속이 되었다.

영주권을 포기한 남편과
시민권을 거머쥔 아내를
인터넷 전화선이 가늘게 이어주고 있다.

국적이 다른 하늘 아래서
훨훨 날아다니는 가족을
8할쯤 위를 잘라낸 가장들이
지친 인연의 줄을 잡고 조르고 있다.

설산을 누비며 사는 아내들은
하얗게 잊고 싶단다.
오래오래 이렇게 있고 싶단다. (2009. 5)

VI

작품해설

〈평   설〉

삶과 생명·존재·운명의 원초적 시맛정신

— 선 숙 시화집 '시를 그리다'를 그리며

申 世 薰

〈시인·文協 제22·23대 이사장〉

1.

선 숙(본명·우인혜)의 첫시집 '시를 그리다'는 시그림 시화 시집이다. 그림은 보지못해 말할 수 없지만, 시는 보고있었고, 또 지금도 보았으니, 얼마든지 얘기할 수가 있다.

시인은 경기도에서 태어나 과천에서 습작할 때부터 익히 보아온 터다. 대학 국문과에서 문학을 전공한 그녀가 대학원을 거쳐 한국 문화 일러스트 전공 교수가 된 것도 희한한 일이다. 게다가 오래 전부터 한국 언어 문화 학과 교수이기도 하다. 그런데 그림까지 직접 그려 시화집을 내게 되니, 그녀의 변신 미학에 대해 놀라지않을 수 없다.

2003년엔 선 숙이 과천 문협의 '율목 시민 문학상'을 수상한다. 2006년엔 제61회 '自由文學' 신인상 2회 추천 완료로 정식 詩林社會에 登林하기 때문에 그의 시를 잘 알고있다. 한국 현대 시인 협회 가입도 직접 주선했기에 평소 그녀의 작품에 관심을 가지지않을 수 없다.

항상 조용히 살면서, 조용히 시를 쓰고, 조용히 그림을 그려왔기 때문에 그의 사생활과 그림생활에 대해서는 아는 바 없다.

시와 그림실력을 갖춘 그가 이번 기회에 시만 그리자는 게 아니라, 그림도 직접 그려 '시를 그리다'라는 시화집을 내게 이르렀다. 詩林에 登林을 한 지 7년째니까 시집을 낼 만도하다. 어쨌든 조용하던 사람이 무언가를 해낼 때는 무섭다. 더구나 시인이자 화가가 자기 시와 그림을 집안결혼시켜 시화집을 낸다는 것은 남이 볼 때는 부러운 일이지만, 한편으로는 무서운 일이다.

왜냐하면 그녀의 시가 만만치않기 때문이다. 퍽 잘된 시가 두 편에, 잘된 시 9편, 잘된 시 버금이 15편, 모두 26편 볼만하다. 한 시집에 두 동그라미시 두 편에 동그라미 한 개씩이 아홉에다 동그라미안에 3각형표 시가 15편이면 보통은 넘는다. 그중 잘 익은시 '숨어흐르는 물'과 '벤쿠버

산을 오르며'를 옮겨본다. 사생활 허무시·존재
시의 표본쯤은 된다.

숨어흐르던 물이
빈집으로
흘러들어가,

세상이
텅 비었다.

빈집과
흘러들어온 물
이세상에
단둘 뿐.

아무도
없고
아무것도
없다.

빈집에
숨어들어간 물.

머무를지
떠나갈지.

하늘
밑
그 누구도
모른다.

–'숨어흐르는 물' 全文

사이프러스 산의 엄청난 눈길을
밝은빛깔아내들이 줄지어오른다.

털 숭숭난 서양 남정네의
근육질 닮은 산등성이위를
기러기엄마들이 자유롭게 나른다.

그리웠던 애들 아빠의 방문은
뜸해가는 만남과 어색함으로
점차 성가시런 구속이 되었다.

영주권을 포기한 남편과
시민권을 거머쥔 아내를
인터넷 전화선이 가늘게 이어주고있다.

국적이 다른 하늘아래서
훨훨 날아다니는 가족을
8할쯤 위를 잘라낸 가장들이
지친 인연의 줄을 잡고 조르고있다.

설산을 누비며 사는 아내들은
하얗게 잊고싶단다.
오래오래 이렇게 잊고싶단다.

–'벤쿠버 산을 오르며' 全文

이렇듯 허무한 존재론적 '숨어흐르는 물'과 '벤
쿠버 산을 오르며'의 국제적 삶의 공간속 감각
현실 역시 인간 세상의 실존 비극이 활짝 꽃피
어있는 곳이다. 시집에서 뛰어난 시 두 편을 뽑
아본 것이다.
앞의 시 '숨어흐르는 물'은 사생활적 허무 공간을

시간 모눈종이위에 올려놓고 풀어나간 심리시이다. 그뒤를 따르는 시 '벤쿠버 산을 오르며'는 국제적인 삶의 공간에서 현실 기러기생활의 비극을 희극과 해학으로 극복해나가려는 심리시가 아닌가싶다. 위를 8할쯤 도려낸 '가장들' 기러기가정의 남자기러기와 흰여자기러기들 틈새 둥지 살림살이속 허무와 외로움 극복을 위해 '밝은빛 깔아내' 기러기들이 뭉쳐서 '기러기엄마들'끼리 줄지어 날며 설산을 누빈다.

아내기러기는 '시민권을 거머쥔' 상태이고, 외로운 남편기러기는 회향을 위해 '영주권을 포기한' 상태이기 때문에 아내기러기들은 '설산을 누비며' 남편기러기들 사정에 대해서는 아예 '하얗게 잊고싶단다.' '오래오래… 잊고싶단다.'는 것이 이민철새가정의 심각한 심리적 현재 상황이다.

시적인 공간 설정이 각자 사생활의 위험 금지선에 놓였지만, 이는 현대 국제 사회 공동 가정 개인 생활의 한 단면을 그린 것으로 시그림 그 시공간 폭이 퍽 넓고도 크다. 무게 또한 가볍지가 않다.

2.
2006년 봄 제59회 '自由文學' 신인상 시부 초회 추천 심사평에서 나는 이렇게 추천사를 썼다.

선 숙(본명·우인혜) 님의 시는 편편마다 매우 차분한 정서를 지녀 퍽 안정돼 보인다. 시 '숨어 흐르는 물' '바라보는 사랑' '들고양이의 갈망' '아버지 병상에서' 4편 초회 추천 작품 중 가장 개성이 뛰어나는 시는 '들고양이…'이다.

시 '숨어흐르는 물'은 허무의 한이 (물맴으로) 어렸고, 시 '바라보는 사랑'은 (물독을) 채워가는 기쁨의 미학이 동양 정신위에 (넘치도록) 깔려있다. 시 '들고양이…'는 정신 갈등의 조절을 깊이 갈망한다. 시 '아버지 병상에서'는 일종의 思父曲이다. 아무튼 계속 열심히 공부해서 女性詩人의 한 모범이 되었으면 한다.(괄호속 설명은 편집인 주).

이중 시 '들고양이의 갈망'을 펼쳐본다.

비굴한 고양이다.

밤새 거리를 헤매며
일탈을 꿈꾸는,

나는
금지된 것을 사랑하고싶다.

낯선 곳에서는
일상을 외면해도 좋겠다.

자유를 가장하여
세상의 갖가지 이야깃글
신문지를 요삼아 깔고누운 채
중년의 갈망을 잠재운다.

비밀스런 눈
어둠속에 번뜩이며
겁탈을 기대하고있다.

그의 사랑덮치기를

꿈꾸고있다.

숨겨진 그리움
하루하루
길위에 뿌려가면서,

진실한 사랑이
두려워, 세상이 두려워
비굴한 처세를
익혀버린,

난
그의 속
깊숙이 들어가고싶다.

— '들고양이의 갈망' 全文

정신 갈등 조절에 앞서 깊은 갈망의 극적인 구성이 절묘하다. 그리움에 가슴불타는 들고양이는 비굴한 욕망을 잠재우기 위해 '밤새 거리를 헤매며/일탈을 꿈꾸는,' 처지가 된다(2연). 그러고 '금지된 것을 사랑하고싶' 어한다(3연). '낯선 곳에서는' 눈치볼 것 없다(4연). '자유를 가장' 해 세상 요지경속에 누워서 '중년의 갈망을' 가라앉힌다(5연). 그러나 남몰래 어둠속에서는 수컷의 '겁탈을 기대하고있다.'(6연). '사랑덮치기를/꿈꾸고있다.'(7연). 그리움에 불타는 속사정을 '길위에 뿌려가면서,'(8연).…
이는 모두 '진실한 사랑이/두려워, 세상이 두려워' 숨어서 빗나간 사랑을 하다보니, 이런 비정상적인 사랑놀이에 익숙해져버린 것이다(9연). 그래도 들고양이의 욕망은 본능에 가까운 것이

라서 어쩔 수 없이 '난/그의 속/깊숙이 들어가고싶'은 것이다(끝10연). 들고양이는 사람이 아닌가.
들고양이의 야성을 빗대어 인간의 불타는 욕망을 자유화하고싶었던 의도가 깊이 숨어있다. 결국 본능 옹호 주의자의 진실한 사랑풀이 자유를 표현하고자 한다. 이는 시 '숨어흐르는 물'의 공허함을 극복하고자하는 존재 심리나, 시 '벤쿠버 산을 오르며'의 기러기가정사랑의 자유 의지 선언에 의한 외로움의 극복 의지와 맞장뜨는 심리적 시이다.
이렇듯 선 숙의 시는 인간 존재의 허무와 외로움속의 부조리사랑을 꽃피워내기 위해 자유 해방 의지를 갈망하는 심리로 심상 화학 반응을 한다. 자칫 이러한 부조리 심리 욕구시는 대중적인 하루살이 활짝꽃으로 폈다지는 경우가 허다하다 하겠으나, 화자 그녀 깊은 지성으로 시적 취약성을 다스려나간다. 단단하고 뜨거운 마음 불길을 피워내 지적 매력으로 다잡아가고있다. 시에 균형잡힌 평균율의 지성미가 흐른다.

3.

2006년 가을 제61회 '自由文學' 신인상 시부 2회 추천 완료 심사평에서 나는 선 숙(본명·우인혜) 교수의 시에 대해 '단단한 지적 매력이 대단하다.'고 평했다. 그때의 짧은 추천사는 아래와 같다.

선 숙(본명·우인혜) 女士의 시는 단단한 지적 매력이 대단하다. 추료시 '거미의 은퇴'가 그렇다. '거미의 은퇴'는 '거미줄에 걸려있는' 갇힌 거미의 실존재의 존재다. '반신 불수가 되어서야/시골로 은퇴'한 '의사였던 아버지'의

실존 비극은 이 시 주제의 깊이를 더해준다. 가장인 아버지가 '새끼들을 위해 내어준' 거미몸처럼 휠체어에 갇힌 인생 허무를 강조함으로써 시적 비극미를 살려준다. 앞으로 형식에 매이지 않기를 바란다.

그때 추천 완료 작품은,

거미는 거미줄에 걸려있다./새끼들을 위해 내어준 다 바스러진 몸체./의사였던 아버지는 반신불수가 되어서야/시골로 은퇴했다./흰 가운을 벗지 못한채 아버지의 꿈도 입을 닫아버렸다./웃지도 울지도 못하는 눈빛은/냇물위에 늘 멈춰있고/낚싯대는 새것인 채 내내 잠들어있다./자꾸만 휠체어가 거슬리는 어머니/아직은 침상옆 걸어놓은 흰 가운/자랑스런 남편이름 대신/그녀 남은 봄꿈이 선명하게 누벼져있다./낡은 올가미는 바람에 찢겨 나풀거리고/잔솔잎 하나 매달려 아쉽게 대롱거린다.

…였다. 그런데 이 시집에 수록될 '거미의 은퇴'는 너무나도 세련되게 성형을 한 작품이다. 놀라우리만큼 예리한 퇴고를 거쳐, 전혀 다른 얼굴처럼 발전적 조직 해체 변형을 시도한 작품으로 변해버린다. 다음 작품이 바로 6년 후에 새로 태어난 '거미의 은퇴'이다.

거미는 거미줄에 갇혀있다.

의사였던 아버지는
반신 불수가 되어서야

시골로 은퇴했다.

자유를 그리던 아버지,
귀향의 꿈은
내내 흰 가운을 벗지 못하게 했다.

휠체어 위에서
웃지도 울지도 못하는 눈빛
꾹 닫힌 입으로 말한다.

햇살 머금은 날
새끼들 위해 내맡긴 몸체
다 사라진 이제,

고향땅에 내려서려나.

바싹 말라틀어진 채
가느다란 줄타고 내려와
가랑잎틈새로 숨는다.

낡은 올가미는
바람에 찢겨 나풀거리고
잔솔잎 하나 매달려
아쉽게 대롱거린다.

—거미의 은퇴' ('自由文學' 추천 완료작. 2006. 10.) 全文

시형태미가 첨보다 간결해진다. 호흡도 길지않고, 장단·가락마저 곁들어있다. 이만큼 달라질 수 있을까싶을 정도로 놀라운 작품 형태로 변한다. 하긴 예술가들은 누구라도 마지막까지 최선을 다한다. 시인이야 마지막 명을 다 할 때까지라도 자기 작품에 대해 책임을 지려한다. 그래서 단행본 시집을 엮을 때는 최종까지 수정한 작품을 올린다.
선 숙 역시 예외가 아니다. 퇴고한 시가 훨씬 더 세련돼 보인다. 본인으로서는 다행이 아닐 수 없다. 시집이 나오면 때는 이미 퇴고할 기회를 잃어버린다. 전집이나 선집이 나올 때 단 한 번씩 기회가 주어지지만, 사람이란 누구나 그때까지 건강하게 숨 잘 쉬고 있느냐는 게 문제다.
전집은 대개 작고한 후에 나오는 것이 통례다. 운좋은 사람은 생전에 선집·전집 다 내는 경우가 있다. 아무튼 그럴 때를 대비해 발표한 작품을 모아 시집을 별 때 맘먹고 다시 퇴고해 보는 것 또한 정당한 일 중 하나다. 시인의 시 '거미의 은퇴'는 아주 퇴고한 시가 확실히 더 돋보인다.
우선 산문스럽던 추천시 '거미의 은퇴'가 아주 운문스런, 명료하고도 구체적인 시어들로 호흡·정리된 것같다. 짧은 시행 형식에 맞춰 확실하게 뜻이 전달되는 시형태로 변해있다.

4.
그녀는
달에 한 번 피흘리는 암컷.

뭇 이룰 사랑으로
날에 여러 번 피흘리는 암컷.
놓을 수 없는 사랑
평생
안고가야 하는

그대는
차라리 형벌.

찬란한 형벌이신
수컷이여.

장마철 기간내내
비흘리듯
종일내
한 달 내
피흘리는,

궂은날
저기압의
암컷.

차갑고
우울한
장마철
그리움.

- '장마' 全文

'피흘리는 암컷'의 원죄 의식과 비극 사랑에 대한 피고 의식을 한생 지니고 살며 '날에 여러 번 피흘리는 암컷'의 운명은 '차라리 형벌'이다. 형벌이라도 '찬란한 형벌'이다.
이 '찬란한…'이란 수식은 수컷이 있기 때문에 가능한 것. 저기압의 장마철에도 '비흘리듯/종일내/한 달 내/피흘리는,' 일은 역시 심리적인 저기압 상태의 암컷생리 현상 때문이다. '궂은날/저기압의/암컷.'은 '차갑고/우울한/장마철/

그리움.' 그이상의 그리움 때문에 운명의 본능적인 피고가 된다. 피까지 흘려야하는 암컷운명 비극 현상을 허망한 그리움심상으로 읊은 거다. 원죄에 의한 암컷의 허무 의식을 간결한 호흡으로 읊은 감각적인 그녀의 수작이다.

5.
눈 못 뜰 만치 고운
그 둘의 사랑 힘겨워
자꾸 낮아지고있는 중.

'어제밤 꿈속내내 그는 따뜻했지.'

그 둘 사이 살가운 눈빛이 박는 대못이
깊숙이 관통하는 중.

'이제는 그만 그를 놓아주기로 하자.'

지렁이의 비참한 몰골에
굵은소금모래 뒤집어쓴 고행.

습기찬 흙바닥에 누워
스스로 물이 되도록,

앉아서 열반에 든 고승처럼
온몸 별에 드러내고
길위에서
말라붙은 육체.

그 5체 투지의 열망

'스스로 바람되게 하소서.'

—'집착' 全文

암컷의 허무 의식 극복 열망은 시 '집착'에서 어느 정도 이루어진다. 길고긴 고운 사랑놀이에 그만 힘겨워 '자꾸 낮아지고있는 중.'(1연)에 그나마 '어젯밤 꿈속내내 그는 따뜻'했다는 것(2연). 눈빛 대못 깊숙이 박아 '관통하는 중.'(3연)이라는 것. 그러니까 그만 '그를 놓아주기로 하자.'(4연)는 것이다.

왜냐하면 '그'는 '지렁이의 비참한 몰골'이 되어 거기에다 '굵은소금모래 뒤집어쓴 고행.'(5연)을 치르고 있으니까. 그것도 지렁이 진 '흙바닥에 누워/스스로 물이 되도록,' 흐믈거리게 된 거다(6연). 이쯤되면 남성도 기가 다 빠져 '열반에 든 고승'처럼 벌거숭이 '온몸 별에 드러내' 그대로 '길위에서/말라 불'어버리는 쓸모없는 지렁이육체가 된다(7연). 그때서야 붉은 알몸은 '5체 투지의 열망'으로 불타오르며 스스로 바람되어 증발하기를 열망한다. 열망하는 쪽은 여성쪽(암컷)이다.

이로 말미암아 암컷이 드디어 수컷의 세계에서 현실적으로 승리한다. 허무 극복의 경지를 획득한다. 그러나 이조차 운명의 암컷존재·비극이 아니고 무엇이랴. 수컷이 무너지고없는 음성 시학의 이공간에….

암컷 혼자 펄펄 살아있더라도 이건 부조리 아닌가. 암컷 혼자 승리하더라도 이건 모순 아닌가. '스스로 바람되'(끝연 맨끝행에서)더라도 말이다.

6.
밑둥이 닿아있지요?

우리는.

비록
당신이 빛날수록
더욱더 검어지는
나일지라도,

따르는 거동
하는 모양새,

꼭 닮아있지요?
우리는.

비록
한몸으로
영영 포개질 수 없는
운명이라도,

함께 하지도
따로 하지도
못하겠지요?

결국
당신과 나
우리 들의 사랑은…….

– '나무와 그림자' 全文

'결국/당신과 나/우리 들의 사랑은….'(끝7연) 이
러지도 저러지도 못하는(6연) 어깃장 부조리
운명이다. '한몸으로' '포개질 수 없는/운명이'다(5
연). 암컷과 수컷 '꼭 닮'은 '우리는.'(4연) 거동이

나 모양새 모두가 다 그렇고그러하다(3연).
'당신(수컷)이 빛'나더라도 점점 '검어지는' 검은
'나(암컷)일지라도.' 매한가지다(2연). 이것은 운명
이다. 타고난 존재의 그물망속에 갇힌 어쩔 수
없는 운명이다. 그래서 암컷과 수컷인 나와 너
우리 들은 애초부터 '밑둥이 닿아있'는 것이 아
닌가(1연). 그럼에도 '함께 하지'(6연에서) 못할 운
명이다.
시 '나무와 그림자'를 거꾸로 풀어나가더라도
'이것이냐, 저것이냐?'의 실존 의미는 마찬가지
한다래끼속 운명이다. 앞에서 풀어나가더라도
마찬가지다. 우리는 서로 만나 운명적으로 밑둥
이 같이 닿아있는 건 사실이다. '빛날수록' 한쪽
은 '더욱더 검어지는' 것도 사실이다. 빛나는 쪽
은 '당신'(양)이고, '검어지는' 쪽은 '나'(음)인
음양 관계가 설정돼있다. 이것이 남녀 간의 운명
이요, 암컷과 수컷의 모양새다. 우리의 꼭 닮은
탱자알같은 모양새다.
'비록' '포개질 수 없는' 한몸의 '운명일지라
도.' 그렇다. 이러지도 저러지도 못하는 존재의
운명을 타고난 것이 '결국/당신과 나/우리 들의
사랑'이다. 첨부터 부조리한 존재·운명·사
랑… 여기에 허무 또한 삶살이와 목숨살이의
새빨갛고매운 첨가물처럼 끈질기게도 따라다닌다.
이것이 화자 그녀의 평소 어깃장 놓듯한 생활맛
이고, 삶과 생명·존재·운명의 원초적 시맛정
신이다.

7.

나 피을 수 있을까?
탁 터진 너처럼.

남몰래 키워온
눈빛.

시샘하는 추위속에서
살을 가르고
방방 곡곡 첫발 내디딘 너처럼.

온세상 떠들썩
내 봄날
다시 건져올릴 수 있을까?

–'봄날' 全文

갇힌 고독과 허무에서 조용히 몸부림치며 탈출하고자 한다. 시 '봄날'에 가서는. 조용히 자유를 얻고자하는 행복 욕망을 꽃피우고싶어한다. 봄에 '탁 터진 너처럼.' 꽃잎 열어제끼며 매화망울처럼 햇빛속에서 한 번 탁 터져보고싶어한다(1연). 아무도 몰래 평소부터 감춰 키워온 불타는 눈빛을 열어보고자 한다(2연). 아직은 쌀쌀한 현실 '추위속에서/살을 가르듯' 이세상 '첫발 내디딘 너' 봄처럼(3연) 아름다운 몸을 열고싶고자 한다.
이런 봄날엔 '온세상 떠들썩'하게 꽃피어 '다시 건져올릴 수 있을까?' 나의 욕망을(끝4연). 갇혀 있는 삶의 꿈과 욕망을 봄철맞아 꽃처럼 활짝 피워볼 수는 없을까라는 희망이 전편 그늘속에 숨어 눈을 뜨고 살아있다. 역시 고독과 숨겨놓은 잠재 욕망을 어떤 계기(봄)가 오게 되면 꽃처럼 자유롭게 화사히 펼쳐열어보고자 한다. 이런 개화의 강한 의지가 숨어있는 내면의 시. 깨끗하면서도 간결한 시이다.

8.
상행선엔 남편
하행선엔 아내.

전철역 맞은편에
맞벌이부부가 서있습니다.
20년 넘어 함께 산
그이가 먼저 전동차에 실려갑니다.

남은 그녀
결국 이다음
남겨지게 될
혼자는 누구일까 생각합니다.

상행선 떠난
그때는
텅 빈역
하행선 기다리는
이때만큼이나
쓸쓸하거나 지루할 걸.

아마 40년쯤
함께하는
노부부되면
알게 될 걸 .

우리 사는 세상사
모든 재미는,

단지,

'함께 한'
사실 때문이었던 사실.

– '맞벌이 출근길' 全文

맞벌이 부부의 남녀 별곡이다. 쌍곡선 부부의 엇갈린 낮생활 별곡이다(1연). 부부 서로 직장 방향이 달라 출근 때는 엇갈린다. 남편은 상행선, 아내는 하행선(1연) 승강장에 날마다 나와 서야한다. 반대편 승강장에 마주서서 바라봐야 한다(2연).
20년 이상 살을 섞으며 살았던 '그이'(남편)가 먼저 떠난다(3연). 외롭다. 혼자 남아 전동차를 기다린다. 하행선 전동차를 기다린다. 결국 마지막까지 남을 사람은 둘 중 그 누구일까.
남편 먼저 긴인생 열차를 타고 떠난 후면 '나'의 역 승강장은 텅 빌 것이다. 지금 곧 남편이 먼저 떠난다면 하행선 출근길 기다리는 '나'처럼 외톨이가 되거나 지루한 시간을 기다리는 외로운 처지가 될 것이다(5연). 아마도 이런 기다림의 외론 시간은 한 40년 같이 뒹굴어봐야 그때가서 외롬의 참맛을 알 것이다. 세상살이 '모든 재미는,'(7연) 다만(8연) 함께 서로 살을 섞어 경험하고 살아온 사실 때문에 이루어졌던 현실 인연 아닐까(끝 9연)라는, 외롬 쌈싸먹기 쌍곡선 생활 별곡이다.
선 숙의 시는 하늘이나 바다처럼 항상 시공간이 다른 대칭 구조를 이루는 시다. 그러나 함께 초례청에 드는 그런 함께쌈싸먹기 모눈종이선을 그려가고있는 합일의 시이다. 상행선·하행선 서로 출근길은 다르지만, 이들 부부는 밤이 되면 한집 한방에서 만나게 된다. 하지만 누가 먼저 머나먼 여행길을 떠나게 될지 그건 알 수 없다.
20여 년 부부 생활을 해왔지만, 異行은 상상할

수 없다. 한 40여 년 더 살아 同行해봐야 그때가서 이별을 실감할 수 있을지 모른다. 그때가서 결국 진정한 갈림길은 정해지지않을까하는 외로움을 미리 점쳐보는 시상이다.
남녀 합일이지만, 잠깐씩 상행·하행선으로 엇갈려 살아야 하나 언젠가는 혼자 남아 피리를 불며 살아야 한다는 별곡, 이별의 별곡, 외롬의 별곡을 경쾌한 형식미로 또박또박 지어본 시이다.

9.
나와 그 결혼하기 전
마주 오르내리던 거기에.

아기 한 사람씩 안은 젊은 엄마와 아빠
번갈아 오르내리던 거기에.

아들딸 함께 가까스로
엄마아빠 힘껏 내려올리던 거기에.

이제 중년 여인 혼자서
오르지도 내리지도 않은 채
덩그마니 앉아있다.

아들아, 이담에 내 품에 포옥 안겨
오그라든 노파 건너편에.

너 꼭 빼닮은 아기 품에 안은
젊은 한때 나 같은 여인도 함께.

깔깔 웃음
하늘높이 올리고내리며

우리 정답게 지낼 수 있을까?

너와 그녀 결혼하기 전
나 홀로 오래도록 내려놓은 여기에.

–'시소' 全文

거기가 어디인가. 부부가 서로 결혼하기 전 자주 만나 '오르내리던 거기'가 어디인가. 거기는 거기거나 거시기거나, 그 어디 비밀스런, 둘만이 아는 그런 곳일 거다(1연). 젊은 부부는 아기 둘 각각 안고 서로서로 '번갈아 오르내리던 거기에'는 결국 어디쯤의 좌표인가(2연).
이번엔 아들딸이 서로 힘을 모아 부모를 부축해서 올려주고내려주던 '거기에,'가 도대체 어느 곳인가. 어파트 계단인가, 아니면 승용차나 뱃머리 승강장 그 어디인가. 산인가, 바다인가, 아니면 가파른 어느 삶길 계단인가, '거기에,'는 틀림없는 삶고개 '거기'다(3연). 하늘땅이 펼쳐진. 주인공 그녀가 중년이 되자 이젠 혼자다. '오르지도 내리지도 않은 채' 홀로 '덩그마니 앉아있다.' 혼자 아들 생각을 한다. '오그라든 노파'의 가슴팍에 안긴 아들이다(5연). 아들 쪽 빼닮은 아기 안은 아들은 엄마 젊을 때 엄마같은 여인 그부인(며느리)과 함께(6연) 행복하게 지낼 수 있을까. 둥개둥개라도 하며 행복하게 지내게 될까(7연) 궁금하다.
사람살이란 '시소'를 타는 것과 같다. 올라갔다 내려갔다 하는 삶살이가 인간 사회 생활이다. 부부살이나 자식살이나 다함께 살아가는 이세상살이란 살이는 모두가 오름이 있으면 내림이 있고, 상하 고저의 운명대로 살아가기마련 아닌가.

이것이 남녀 간의, 부모 자식 간의 음양 '시소' 인생이다.

10.
소주 몇잔만 들어가도 자신에 취해 마냥 흐느적거리며 무너지던 사내가 있었다. 골목길에 웅크려 큰목청 구성진 가락으로 웃기면서 울 줄 아는 사내가 있었다. 얇을 '薄' 박사 학위가 송구스러워 고향엔 아예 발길을 끊었다는 그사내, 가끔 맑은 정신든 날에는 날카로운 눈빛으로 두문불출 스스로를 종일 독방에 가두기도 했다.

50줄 훌쩍 넘은 나이에 비로소 처음 받아봤다는 월급. 잘 나가던 친구들 하나둘 명퇴하던 그즈음, 빈봉투까지 다 풀어 마셔버리곤 하얀이를 드러내며 활짝 비을 줄도 알았던 그사내. 느지막이 관운이 활짝 열렸다고 부러움 반, 시기 반으로 친구들 입담에서 한껏 씹혀지던 바로 그시기에….

그사내는 암병동에서 말기암을 도려내야만 한다는 말을 들었다.
젊은 날의 고뇌도 늘그막의 출세도 다 거둬내면서
고즈넉한 철학자가 되어가고있는 조용한 나날.

철부지 남편을, 평생 큰누나처럼 웃어넘기며 풍성한 뱃살을 나눠주었던 그의 아내는 죽음을 감내하며 말 수가 줄어든 흰머리남편을 배위에 뉘고, 세상사 시시덕거리며 술에 절어 애를 먹이던 젊은 시절 그사내를 그리워한다.

–'동행' 全文

'동행' 역시 이별의 미학이다. 동행이 곧 '외행'이다. '외행'은 '獨行' 아닌가. 한 사내의 외로운 생을 따뜻한 어조로 감싸며 옹호한 이런 사랑의 시는 슬프다기 전에 무한 아름답다고 해야 한다. 소주 몇 잔에 '무너지던 사내' 취하면 골목길 '구성진 가락으로' '울줄 아는 사내'가 가슴 따뜻한 한 여인의 동정의 대상, 사랑의 대상이다. '박사 학위가' 오히려 '송구스러워 고향엔 아예 발길을 끊었다는 그사내,'가 그리운 것이다. 어쩌다 '맑은 정신 든 날에는' '두문 불출 스스로를 종일 독방에 가두기도'하는 그사내가 그리운 것이다(1연).

50넘어 첫월급 봉투를 받아본 그사내. 친구들 명퇴할 그나이즈음 월급 봉투 털어 술 다 마시고 활짝 웃던 그사내. 느지막이 '관운이 활짝 열렸다고 부러움 반, 시기 반' 친구들 입담에 올라 '씹혀지던 바로 그시기'에(2연)…그사내가 말기암 진단 떨어진다. 고뇌도 '늘그막의 출세도 다 거둬내'고는 '고즈넉한 철학자가 되어가고있' 다(3연). 그의 아내는 '철부지 남편을' '큰누나처럼' '풍성한 뱃살을 나눠주'며 죽음앞에 '말수가 줄어든 흰머리남편을 배위에 뉘고,' '술에 절어 애를 먹이던 젊은 시절 그사내를 그리워한다.' 는 '思夫曲'이다(끝4연). 참으로 아름다운 여성의 사랑 미학이 그녀의 시 '동행'으로 살아난다.

이처럼 '同行'은 '獨行의 시학'이 되고, '獨行의 시학'은 '쌍곡선의 미학'이 되나, 이는 곧바로 '외곡선 시학'으로 변해 '독행 쌍곡선 미학'으로 바뀌는 삶의 시미학을 선 숙은 이뤄낸다.

'동행'처럼 줄시, 行詩뿐 아니라, 길고긴 산문율의 줄시도 잘 쓰는 선 숙 시인이다. 시인이라면, 행시·줄시 다 능수 능란하게 다룰 줄 알아야 하지만, 그런 시인 드물다.

11.

한 시집속에 스물여섯 편이나 좋은시를 펼쳐준 시인이지만, 이시편들을 일일이 다 점검할 수는 없는 입장이다. 지면 관계로 맘대로 풀어보지 못한 좋은시가 여러 편 남아있다.

이중에는 시 '홀로사랑'(1부) '산에서 뵈었네' '아버지 기일도 지나쳐버리고' '봄날의 그리움'(이상 2부) '늙기도 설워라커든' '여행 사진에 대한 단상' '환승역' '화해하기란' '얼마나 좋을까?' '지금 여기가' '빗물고이면' '나무가 쓰는 시' '분수' '폐경을 맞이하는 독백'(이상 3부) '밤비 내리던 밤'(5부) 들이 각각 가작이다.

가작 위의 우수·장원시 들도 삶의 시다. 생명의 미학시다. 존재의 철학시다. 운명의 시, 원초적 외로움의 고요한 시맛정신을 담은 발효된 여성의 시맛 그런 시집에 속한다.

형식이나 내용 면에서 별 무리없이 감각적으로 재단되어있기 때문에 그녀의 그림과 함께라면 더욱더 입체 감각적으로 돋보이는 햐얀빛깔 외로움의 무지개빛 시집이 될 것이다.

−한기|10949:단기|4345:동이 공기|2563:남방
불기|2556:서기 2012. 3. 19. 春分節. 果川我山房에서.

시와 수묵일러스트레이션의 길잡이

시를 그리다

발행일 2012年 4月 9日

발행인 선 숙 우 인 혜
주소 (우)336-708 충남 아산시 탕정면 선문로221번길 70
　　　선문대학교 교육대학원 한국문화일러스트 전공
전화 041-530-2605

디자인 이화문화출판사
등록번호 978-89-89842-70-5

주소 (우)110-053 서울시 종로구 내자동 167-2
전화 02-736-9880
FAX 02-738-9887
홈페이지 www.makebook.net

본 작품집은 저작권법에 따라 저자의 허락없이
무단 복사나 복제를 금합니다. 잘못된 책은 교환해드립니다.

값 12,000원